RÉALISME

COMBAT & INCENDIE

DE

CHATEAUDUN

18 OCTOBRE 1870

PAUL COLTELLONI

Capitaine-Major

AU

1er Bataillon des Francs-Tireurs de Paris

PRIX : 75 CENTIMES

PARIS

DÉPÔT : *Imprimerie C. EMANUELLI*

3, Rue Demours, 3

1892

RÉALISME

COMBAT & INCENDIE

DE

CHATEAUDUN

18 OCTOBRE 1870

PAUL COLTELLONI

Capitaine-Major

AU

1ᵉʳ Bataillon des Francs-Tireurs de Paris

PRIX : 75 CENTIMES

PARIS

DÉPOT : *Imprimerie C. EMANUELLI*

3, Rue Demours, 3

1892

Tous droits réservés

RÉALISME

COMBAT & INCENDIE

DE

CHATEAUDUN

— 18 OCTOBRE 1870 —

Le corps des Francs-Tireurs de Paris, composé de deux bataillons admirablement organisés ; n'avait dû sa formation qu'à l'initiative et à l'énergique persistance de Monsieur Jules Aronsshon, premier commandant du Corps, et de Monsieur Paul Coltelloni, auteur de cette brochure. Les journaux des mois de Juillet et Août 1870 confirment ce fait.

Le premier bataillon des Francs-Tireurs avait quitté la Capitale le 29 Septembre 1870, et après vingt jours de différentes péripéties qui se résolurent par un changement de Commandement; il prenait possession de Châteaudun, et faisait de cette paisible cité, son centre d'opérations.

Le nouveau chef des Francs-Tireurs, le Comte Ernest de Lipowski, était un brillant cavalier ; homme du monde, il avait su, par ses bonnes manières, s'attirer la sympathie et la confiance de ses soldats. Sorti de Saint-Cyr, il avait quitté l'armée comme Lieutenant de Chasseurs à pied, quelques mois avant la guerre.

Ce jeune officier était très fier de commander ces braves Francs-Tireurs de Paris qui ne craignaient ni Dieu ni Diable ; et dont l'audace était d'autant plus grande, qu'ils n'avaient, sur la terre, que la chère Patrie à défendre.

Déjà, en maintes occasions, les Francs-Tireurs avaient pris contact avec l'ennemi, et de ces rencontres il n'était resté aux Prussiens que de cruels souvenirs.

Si les vaillants Francs-Tireurs inspiraient la terreur aux Allemands, il faut convenir, qu'ils n'étaient guère aimés par les municipalités ; qui se montraient toujours fort peu empressées à leur faire bon accueil. Joignant la philosophie à la bravoure, les Enfants de Paris ne se chagrinaient pas pour si peu, et quand les autorités se regimbaient, ils leur faisaient sentir discrètement, que, pour le moment, les seuls maîtres étaient les Francs-Tireurs ; et que, Messieurs les Maires et Conseillers Municipaux n'avaient qu'à s'incliner devant leurs désirs.

Pour donner à la cité Dunoise un aspect presque guerrier, le Gouvernement de la Défense Nationale avait adjoint aux Francs-Tireurs de Paris, deux escadrons de Hussards et des Régiments de Mobiles. Mais le Gouvernement, qui avait envoyé des troupes pour battre l'ennemi, s'il avait l'audace de marcher sur Châteaudun ; donna l'ordre à ces mêmes troupes, de se retirer immédiatement, dès qu'il fut informe que l'ennemi à combattre menaçait la ville à défendre. Les Francs-Tireurs furent seuls réfractaires à cet ordre.

Aspect de la ville dans la matinée

On est loin de prévoir que la journée se passera dans un tourbillon de fer et de feu.

Les habitants vaquent tranquillement à leurs affaires, et les Francs-Tireurs flânent paresseusement.

Le Maire, Monsieur Lumière, et le Sous-Préfet, Monsieur Millochau ont des figures inquiètes. En revanche, notre brave Commandant a sa bonne mine habituelle, et ne semble nullement regretter le départ des Hussards et des Mobiles.

Les barricades, qu'on a élevées de toutes parts, donnent à la ville l'aspect d'une souricière. Ces barricades, qui bouchent toutes les entrées, sont de véritables énigmes, tant au point de vue de leur construction, qu'au point de vue de leur utilité.

Le devoir des Francs-Tireurs était d'aller toujours au devant de l'ennemi : de le harceler sans cesse, de le surprendre et de lui porter de terribles coups, comme celui qu'ils venaient de lui infliger à Ablis.

En se terrant dans une ville, derrière des barricades, les Francs-Tireurs sortaient de leur rôle.

Dans une ville ouverte, indéfendable, et dépourvue d'artillerie et de troupes, comme l'était Châteaudun ; les barricades n'avaient pas de raison d'être.

Si l'ennemi venait en petit nombre, c'était au dehors qu'il fallait porter le combat ; et dans ce cas, les barricades devenaient inutiles.

Si l'ennemi arrivait en masse avec de l'artillerie ; d'un simple coup d'œil, jeté sur les défenses, on pouvait se convaincre qu'elles ne tiendraient pas.

Le Dieu des armées, dans son complet aveuglement, a voulu que ce fût le Général de Wittich, qui, comme un papillon, vint brûler le prestige de la tactique Allemande, devant les paravents chinois qui masquaient les rues de la ville de Châteaudun.

Dix heures du matin

On signale l'arrivée d'un train venant de Tours Le Capitaine-Major des Francs-Tireurs de Paris est envoyé à la Gare.

Le train apporte 20,000 cartouches et soixante nouvelles recrues pour le bataillon de Paris.

Onze heures

Les barils de cartouches sont déchargés et mis sur des voitures.

Des hommes signalent sur la route d'Orléans des cavaliers qui s'avancent tranquillement.

Un employé du chemin de fer monte sur le toit de la gare, et il aperçoit au loin de la cavalerie et de l'infanterie ennemie.

Le Capitaine-Major fait filer dans la ville les nouveaux arrivés et les cartouches, et, prenant le chemin le plus court, il arrive à l'hôtel de la Place, où les officiers des Francs-Tireurs sont en train de déjeuner joyeusement.

Sauf le Commandant de Lipowski, personne ne prend au sérieux l'arrivée des Prussiens.

Le Sous-Lieutenant Roussel est envoyé dans le clocher de l'Hôtel-de-Ville. Il confirme l'arrivée de nombreuses troupes constituant seulement l'avant-garde de l'armée qui va s'abattre sur Châteaudun.

Midi

La Générale est sonnée. Francs-Tireurs et Gardes Nationaux se portent sur la place de l'Hôtel-de-Ville. Au fur et à mesure qu'ils arrivent, le Commandant leur fait éliminer les cartouches, les organise par pelotons, met des officiers à leur tête, et les envoie au pas de course aux barricades. De cette précipitation forcée, il est résulté que des Capitaines de Francs-Tireurs, n'ont su de la journée trouver leurs hommes.

Midi et demi

La fusillade éclate sur différents points.

Toutes les cartouches, aussi bien les 20,000 qui viennent d'arriver que celles qui se trouvaient à la poudrière de la caserne, sont portées à l'Hôtel-de-Ville.

Une heure

On entend quelques coups de canon, la fusillade devient plus vive.

Sur la place, se trouvent le |Commandant, divers officiers et une compagnie de réserve.

Le Lieutenant Roussel, resté dans le clocher de l'Hôtel-de-Ville, annonce en détail l'arrivée de l'armée prussienne ; et voici le très curieux dialogue qui s'engage entre le clocher et la place.

Lieutenant Roussel : Commandant! Commandant !

Le Commandant : ?

Lieutenant Roussel : De la cavalerie ! !

Le Commandant : Beaucoup ?

Lieutenant Roussel : Beaucoup! Beaucoup! des Régiments !

Cinq minutes après

Lieutenant Roussel : Commandant? Commandant?

Le Commandant : ? ?

Lieutenant Roussel : de l'Infanterie!!

Le Commandant : Beaucoup ?

Lieutenant Roussel : Plusieurs Régiments ! Toute la route en est couverte.

La figure du Commandant devenait très soucieuse.

Quelques minutes après

Lieutenant Roussel : Commandant ! Commandant !

Le Commandant : ? ?

Lieutenant Roussel : de l'Artillerie ! ! !

Le Commandant : Beaucoup ?

Lieutenant Roussel : Plusieurs batteries ! ! !

Le Commandant de Lipowski quitte la place, monte dans le clocher, et de là il voit le spectacle suivant.

Tout un corps d'armée ; cavalerie, infanterie et artillerie ; se déployant dans diverses directions, manœuvrant avec le plus grand calme, envoyant des éclaireurs sur toutes les routes, choisissant les meilleures positions pour son artillerie ; et laissant de nombreuses réserves derrière ses lignes d'attaque.

J'observais avec la plus grande attention notre Commandant. Je l'ai vu pâlir, j'ai vu sa figure se contracter, son nez s'allonger ! Certainement il n'avait pas peur le Commandant ! C'était un vrai brave ! et son audacieux coup d'Ablis qui coûtait aux Prussiens 100 prisonniers, plusieurs tués et la perte de 120 chevaux ; avait donné la mesure de son intrépide courage. Mais, devant les imposantes masses qui cernaient la ville, il sentait qu'un millier d'hommes sans artillerie, mal armés et mal exercés, ne pouvait résister ; il se rendait compte qu'aucune barricade ne pouvait tenir, et que tout espoir de retraite était dérisoire.

Il n'y avait plus que deux choses à faire, vaincre ou mourir ! la seconde chose avait cent fois plus de chances de réussir que la première.

Une heure et demie

Les batteries lourdes Prussiennes ayant pris leurs positions envoyèrent une volée d'obus sur l'Hôtel-de-Ville.

Le Commandant et les officiers qui l'accompagnaient durent quitter le clocher.

Arrivé sur la place, le Commandant avait repris sa figure impassible. Il envoya ses officiers dire aux chefs de barricades de se défendre jusqu'à la dernière extrémité ; et il leur ordonna de garder le secret sur les forces de l'ennemi.

Deux heures et demie

Le combat est dans son plein.

Aux barricades la fusillade est très vive, et une pluie d'obus tombe sur toute la ville.

La Mairie est criblée de boulets, et à différentes fois l'incendie se déclare. De crainte d'une explosion, toutes les cartouches sont descendues dans les caves de l'Hôtel-de-Ville ; des Francs-Tireurs sont spécialement chargés de les distribuer et de les porter aux combattants.

Aspect des Barricades (Deux à Six heures)

Celui qui écrit ces lignes, a vu, pendant le combat, et à différentes heures, plusieurs points de la défense et de l'attaque.

Les assiégés étaient réduits à se tenir et à se défendre derrière les barricades ; nous étions bloqués.

Les Prussiens, en cachette, à l'affût comme des braconniers, surveillaient de loin les mouvements des défenseurs. Ils avaient d'excellents tireurs, et nos plus audacieux soldats tombaient souvent sous leurs balles.

Quoique très peu nombreux, à chaque barricade, les défenseurs auraient voulu se lancer à la baïonnette sur les assaillants. Ceux-ci très prudents, se tenaient à distance, ét rendaient impossibles les folles témérités des Francs-Tireurs.

La reconnaissance, faite par le Capitaine Boulan ger. au moment de l'arrivée de l'avant-garde de l'armée Prussienne, ne fut pas heureuse. Les balles et les boulets que l'ennemi fit pleuvoir sur les Francs-Tireurs, forcèrent le Capitaine Boulanger à rentrer dans la ville.

A partir de deux heures, Chateaudun était enveloppé par toute l'armée ennemie; toute son artillerie avait ouvert le feu, et dès lors, les Francs-Tireurs ne pouvaient plus songer à une tentative de sortie.

Les phases de l'attaque et de la défense suivaient donc un cours uniforme, et on peut dire que ces phases furent stationnaires pendant toute l'action.

Les défenseurs de Châteaudun tiraillaient le plus qu'ils pouvaient, mais, comme nous l'avons dit, l'ennemi s'exposait le moins possible aux balles Françaises; et le mal qu'il éprouvait, était insignifiant.

L'assaillant agissait avec une grande prudence, et il ne tenta aucun effort sérieusement combiné, pour enlever les barricades. Cette façon d'agir donnait à penser que l'ennemi voulait réduire la ville par son artillerie; et non la prendre courageusement d'assaut.

En somme, pendant toute la journée, les assiégés abrités par d'insignifiantes défenses, ont tenu tête à 10,000 Prussiens.

Les Gardes Nationaux du Commandant Testannière et des Capitaines Fanuel et Marie, ont combattu avec autant d'ardeur que les vaillants Francs-Tireurs des Lieutenants Chabrillat, Planard, Marcelli, Hattat, Brunière.

Les Francs-Tireurs Nantais, du Capitaine Le Gall, tué au Champ d'Honneur, se montrèrent aussi intrépides que ceux des Capitaines Bouillon, La Cecilia, Kastner, du Rozet, Jacta, Cohade.

Les combattants des rues de Jallans d'Orléans et de Saint François, furent aussi fermes que leurs frères d'armes du Parc des Dames Blanches, de la rue de Chartres, et de la Cavée des Religieuses.

Physionomie de la Ville
Deux à Six heures

Pendant le combat, l'intérieur de la ville était d'une désespérante tristesse.

Les maisons sont closes, les boutiques fermées, les rues desertes ! Les oiseaux se sont enfuis !

Cette solitude sent le malheur !

Hors le canon, tout se tait !

Châteaudun produit l'impression d'une ville morte, sur laquelle pleut la mitraille !

La crépitation de la fusillade des barricades n'est rien, comparée à la grêle d'obus et de boulets, qui, avec un bruit infernal, s'abat sans cesse sur toute la cité. Le bombardement est continuel ; chaque projectile atteint un but, toits, murs, maisons, s'effondrent et croulent avec l'éclat du tonnerre. L'ouragan de fer et de feu fait partout de terribles ravages, et sème la terreur dans les familles dunoises, si calmes et si tranquilles quelques heures auparavant.

Six heures et quart

Le jour tombe, et il devient difficile de distinguer l'ennemi. Le tir, des combattants des barricades, se ralentit ; mais le canon de l'ennemi gronde toujours. Le

nombre de projectiles augmente, et différents incendies,
se déclarent.

Sept heures

La nuit est venue, sombrement éclairée par la lueur
des incendies. Le feu des barricades a presque compléte-
ment cessé, et l'artillerie a modéré son tir.

De Sept heures à Huit heures

Les barricades sont abandonnées par leurs défenseurs. Les Prussiens peuvent entrer tranquillement
dans la place qu'ils n'ont pas su enlever ; pour celà, ils
n'ont pas besoin de recourir aux traîtres que l'exaltation
de certains Français voyait toujours et partout.

Une grande partie des combattants quitte la ville
avec le Commandant de Lipowski, dont les ordres de retraite ont été mal transmis, ou mal exécutés par ses
ordonnances.

Huit heures

Quelques Allemands débouchent sur la place
de l'Hôtel-de-Ville, et s'avancent jusqu'à la fontaine.
Les Francs-Tireurs, qui sont à la Mairie, les pren-
nent pour des Français, mais, aux cris qu'ils poussent,
on reconnaît les Prussiens : et une vive fusillade force
l'ennemi à abandonner la place.

Huit heures Trois-quarts

De très rares projectiles tombent encore sur la ville.
La lueur des incendies devient plus intense.

Les Francs Tireurs allaient quitter l'Hôtel-de-Ville,
quand, subitement, une nouvelle fusillade éclate sur la
place. On croit à un retour des Prussiens, et les Francs-
Tireurs se disposent à riposter. Il y en a, qui, par crain-

te d'être pris, veulent mettre le feu aux cartouches, et faire sauter l'ennemi avec eux. Heureusement, le chant de la Marseillaise se fait entendre au milieu des coups de fusil, et le feu de la Mairie cesse aussitôt.

Combat homérique

Alors commence et se développe sur la place, ce terrible combat nocturne, dont on a tant parlé, et qu'on a glorifié en prose, en vers et en peinture ! Sanglant combat, où plusieurs centaines de Prussiens ont mordu la poussière ! Héroïque combat, où Francs Tireurs et Gardes Nationaux, ont déployé plus de courage et d'audace qu'il n'en faut pour illustrer toute une armée ! Combat, où les charges à la baïonnette, les feux de peloton, les corps à corps, les coups de crosses, les chants de victoire et les cris de guerre, atteignaient le sublime !

Le râle des mourants et les gémissements des blessés, se mêlaient lugubrement au bruit de cette lutte acharnée, sans merci !

Jamais, la défense de la Patrie ne s'était révélée dans une plus sainte et grandiose auréole !

Vaillance, mépris du danger, dédain de la vie, toutes les vertus civiques et militaires brillèrent de leur plus pur éclat sur la place de Châteaudun, dans la soirée du 18 Octobre 1870.

Mais Hélas ! Hélas !! Tous ces hauts faits d'armes se réduisaient à une simple hallucination.

Sur la place, il n'y avait que des Français et pas un seul Prussien !

Cette bella furia, digne de plus heureuses réalités, n'avait eu pour point de mire que les quatres façades de la place de l'Hôtel-de-Ville.

Le Capitaine Ledeuil, plus poëte que soldat ; plus proche de Victor Hugo que de Napoléon Ier.; plus

souvent dans les sphères célestes que sur la terre ; est
le héros de ce brillant épisode.

Il se consolera, j'espère, de l'anéantissement du
treizième travail d'Hercule dont il voulait doter : « sa
chère petite cité », la ville de son affection, la ville
qui a fait tressaillir son âme, qui a embaumé son cœur
de généreuse sympathie et pour laquelle il voulait plusieurs fois mourir ! ! ! » (*)

Pourquoi, Capitaine Ledeuil, n'êtes vous point
mort une seule petite fois pour la défense de la chère
petite cité, qui vous avait donné la moitié de son âme ?
Elle a été prise, violentée et brûlée la chère adorée ! et
vous, Ledeuil, vous êtes encore en vie !

Dix heures et-demie

Les braves qui viennent de combattre si vaillamment sont partis. Toute la place est aussitôt visitée pied
à pied, et on ne trouve pas un seul blessé, pas un seul
tué ! Ni Français, Ni Prussiens.

Le Maire Monsieur Lumière, fit acte de bravoure,
en restant toute la journée à son poste, sous la volée
d'obus qui effondraient l'Hôtel-de-Ville; et en contribuant
à éteindre les incendies, qui se déclaraient à chaque
instant.

Monsieur Lumière n'avait jamais été partisan de la
défense ; et le terrible bombardement de sa ville était
loin de remplir son cœur de joie.

Ce brave magistrat avait connaissance des imposantes forces ennemies qui cernaient Châteaudun; et le
mitraillaient. Il n'avait aucune confiance dans la résistance efficace d'une poignée de patriotes, et à tout moment
il s'attendait à voir arriver les Prussiens à la Mairie.

(*) E. LEDEUIL (Châteaudun 1871)

Onze heures

Le petit noyau de Francs-Tireurs de la Mairie, s'est progressivement grossi par l'arrivée de combattants, venant de diverses barricades. Le Capitaine-Major, sur l'affirmation des nouveaux venus que tous les défenseurs ont quitté la ville, ordonne le départ des derniers Francs-Tireurs. (*)

La place était éclairée par la lueur des incendies.

Le Maire se trouvait au milieu des soldats, ét pleurait silencieusement sur le funeste sort de sa pauvre cité.

Quand le digne magistrat entendit l'ordre de départ, il ne put cacher son émotion, ou son indignation, et il s'écria : Comment ! vous nous abandonnez !

Vous vous sauvez, après nous avoir mis dans une si terrible situation ! !

C'étaient de bien dures paroles ; mais il n'y avait rien à faire, et surtout rien à répondre.

Abandon de Châteaudun

Les Prussiens sont maîtres de la ville ! Tout est à leur discrétion ! ! !

Châteaudun est en feu ! Les Teutons éclairent leurs horribles orgies !

Affolés ! Terrorisés ! Hommes, Vieillards, Femmes, Enfants, fuient par bandes devant l'horrible désastre ! Dans leur détresse, ces malheureux fugitifs sont moins à plaindre que les habitants qui n'ont pu s'échapper. A ceux-ci, l'arrogant Prussien réserve les plus cruels châtiments et les plus écœurantes humiliations.

Les Tudesques font un enfer de Châteaudun !

(*) Il restait encore dans Châteaudun environ 140 combattants qui furent faits prisonniers.

Les soldats se font démons ! Ils pillent, ils volent, ils brûlent, ils assassinent ! Ils restent sourds aux pleurs, aux cris, aux prières, aux supplications !! Ils se livrent sans frein à l'assouvissement de leurs féroces appétits ! Ils ne respectent rien !... rien !... rien !.......

. . . .

Plaignons les pauvres femmes ! les pauvres filles !! qui ont dû, si elles n'en sont pas mortes, dévorer en secret, le brûlant souvenir d'ignobles souillures.

Vous parlez de gloire, jeunes Dunois, et vous vous énorgueillissez de celle acquise par vos pères, dans la journée du 18 Octobre 1870 !

N'en soyez pas si fiers, jeunes citoyens, car si dans cette fatale nuit vous aviez pu voir la désespérance de vos mères, et la suprême épouvante de toute votre ville en flammes ; vous auriez bondi d'indignation, vous auriez craché sur un semblant de gloire, et dans votre juste colère, vous n'auriez pas hésité à venger tant d'innocentes victimes, sur les criminels auteurs du fléau de 1870.

RÉSULTATS MORAUX ET MATÉRIELS

DE LA

Journée du 18 Octobre 1870

RÈSULTATS MORAUX

Le combat de Châteaudun produisit moralement deux effets contraires.

Le premier effet, fut de jeter dans de graves inquiétudes, les populations des villes ouvertes, qui se trouvaient dans le rayon des opérations militaires.

La destruction de Châteaudun par le feu, allumé de parti pris par l'ennemi, dans le but de punir une grande expansion de vaillance et de patriotisme ; frappa si vivement les villes ouvertes, qu'elles résolurent en principe de ne pas se défendre. Elles eurent raison, car la résistance isolée de quelques cités ne pouvait donner aucun bon résultat.

Le second effet fut provoqué par le Gouvernement de la Défense Nationale.

Gambetta, l'âme de ce gouvernement, n'avait rien à dire de consolant à la France triste et anxieuse. Les efforts du Dictateur, tendaient toujours à inspirer au peuple la confiance dans le succès de nos armes.

Le Combat de Châteaudun, qu'il aurait blâmé en d'autres circonstances, lui arrive à propos. Il décrète, que le 18 Octobre 1870 est une mémorable journée ; que les Prussiens ont été battus, et que la ville de Châteaudun a bien mérité de la Patrie.

Des dépêches sont envoyées aux Préfets et aux Sous-Préfets, des Pigeons sont expédiés au Gouvernement de Paris ; et la journée de Châteaudun passe instantanément et glorieusement à la postérité. Les grandes et les petites villes donnent à leurs places et à leurs plus belles rues le nom de Châteaudun ; et les bons patriotes, qui ont le bonheur de devenir papas dans ce temps de rares victoires, veulent faire inscrire leurs mioches à la Mairie, sous le nom de l'héroïque cité.

La Renommée, qui n'a joué aucune éclatante fanfare, pour des régiments, des divisions et des armées qui se sont faits vaillamment écharper, s'est montrée Mère prodigue pour les combattants de Châteaudun.

Gambetta connaissait les hommes ; son enthousiasme factice, mais communicatif, releva momentanément le moral des masses ; on crut sérieusement à une grande victoire, on espéra une ère nouvelle, et pendant quelques jours, le patriotisme, réchauffé par les réclames gouvernementales, vécut dans l'espoir de chasser les allemands.

RÉSULTATS MATÉRIELS
Pertes des Français

Tués. . . .	50	
Blessés. . .	60	
Prisonniers	140	*(Compris Francs-Tireurs et*
Total .	250	*Gardes Nationaux)*

Pertes des Prussiens

Tués. . . .	20
Blessés. . .	30
Total. .	50

Ce qui donne deux-cent-cinquante Français divisés par cinquante Prussiens ; égal cinq Français.

Ou 250 : 50 = 5.

C'est-à-dire que nous avons eu **cinq Français mis hors de combat, contre un Prussien tué ou blessé.**

En outre la ville de Châteaudun déclare avoir subi par l'incendie, par le pillage et par les réquisitions une perte matérielle de cinq millions de francs (5.000.000). Ce qui fait cinq millions divisés par cinquante Prussiens mis hors de combat; égal : cent-mille francs (100.000)

Ou : 5,000.000 : 50 = 100.000.

En résumé, chacun des cinquante Allemands qui ont reçu le plomb des défenseurs de Châteaudun nous a coûté : cinq Français plus cent-mille francs

Ou : 1 Prussien = 5 Français + 100,000 francs.

Avouons qu'à de pareils prix, les soldats du roi de Prusse sont horriblement chers !

CONSIDÉRATIONS DIVERSES

Le combat du 18 Octobre 1870, n'a été que le résultat d'une regrettable surprise.

Les Gardes-Nationaux et les Francs-Tireurs ont manqué de vigilance; et cette imprudence coupable a permis à l'ennemi d'arriver sur la ville, et de la cerner sans être inquiété.

Sans mettre en cause la bravoure des soldats de Châteaudun, il n'est pas douteux qu'ils n'eussent pas même tenté de combattre, si, à temps, ils avaient été informés de l'approche d'une armée ennemie, dont le nombre de combattants était dix fois supérieur au leur; et qui possédait en outre de la pratique de la guerre, une formidable artillerie et une excellente cavalerie.

On est très heureux de constater, que si on a été forcé d'abandonner la ville, à un si nombreux et si puissant ennemi ; ce n'est qu'après lui avoir résisté pendant toute une journée.

Cette résistance inespérée de la part de soldats improvisés. mal armés et mal exercés, dont une grande partie ne savait ni viser, ni charger son fusil, est due principalement aux faits suivants :

1º A l'énergique exemple donné par tous les Chefs de barricades, et à la confiance que Monsieur de Lipowski, Commandant supérieur, inspirait à tous les combattants.

2º A l'ignorance des forces assaillantes.

3º A la certitude de la mort, pour tout soldat qui s'écartait de l'abri offert par les barricades.

Pendant toute la durée du combat, les Gardes Nationaux se sont montrés aussi vaillants que les Francs Tireurs et leurs pertes ont été relativement à leur nombre de combattants, doubles de celles éprouvées par les différents corps de Francs-Tireurs.

Les Gardes Nationaux, qui ont pris part à l'action, étaient environ 250. En chiffres ronds, ils ont eu 20 tués et 25 blessés ; ensemble 45 gardes mis hors de combat ; *soit 45 : 250 = 18 c'est-à-dire une perte de 18 0/0.*

Les Francs-Tireurs de Paris, avaient 700 combattants, les Francs-Tireurs de Nantes 150, et les Francs-Tireurs de Cannes 50, Total, un effectif de 900.

Ces trois corps ont perdu en chiffres ronds : 30 tués et 50 blessés ; ensemble, 80 Francs-Tireurs mis hors de combat ;
soit 80 : 900 = 8, 88 c'est-à-dire une perte de 8, 88 0/0.

Le Général Prussien, avec les forces dont il disposait, aurait pu enlever la place en quelques minutes, et empêcher tout combattant de sortir de la ville.

Chaque barricade comportait à peine une moyenne de quarante défenseurs, et faute de réserves, ils n'avaient à compter sur aucun secours ; la résistance, devant une sérieuse attaque de l'ennemi, aurait été chimérique.

Pourquoi le Général de Wittich n'a-t-il pas ordonné cette attaque ? Nous l'ignorons, et il nous est interdit de taxer de lâcheté des ennemis, qui, dans plusieurs batailles, dans de simples reconnaissances, et dans leur service d'éclaireurs, nous ont donné des preuves du contraire.

Beaucoup de Français ont traité et traitent constamment les Allemands de lâches. Il y a certainement dans l'emploi de ces épithètes beaucoup de mauvaise foi et une ignorance complète du soldat prussien. On y trouve en outre, un sentiment de discrédit pour nos armées ; car, si elles n'ont pas pu vaincre un lâche ennemi, que seraient-elles devenues devant un vaillant adversaire !

En somme, nous regrettons pour la France, que tous les Généraux Allemands de la guerre de 1870-71 n'aient montré dans leurs attaques, autant de craintes et d'hésitation, que leur collègue de Wittich.

Le lendemain du 18 Octobre, les faits d'armes des Français, et les pertes de l'ennemi, furent fortement exagérées. Les Capitaines X. Z. déclaraient que leurs hommes avaient mis hors de combat plus de 800 Prussiens. Les Lieutenants G. et B. assuraient, qu'à deux-cents mètres de leur barricade, le terrain était noir de morts ; un Sergent et un Caporal se flattaient d'avoir pénétré dans les lignes ennemies, et de s'y être livrés à un horrible carnage ; le Franc-Tireur F. avouait avoir abattu à lui tout seul plus de trente Allemands ; enfin, les plus modestes défenseurs de Châteaudun, se contentaient d'avoir éventré ou décervelé leur douzaine de Tudesques.

Au compte de ces braves Francs-Tireurs, l'armée du Général de Wittich se trouvait insuffisante, pour atteindre le chiffre de leurs victimes.

Un excellent homme, âgé de plus de soixante ans, racontait qu'à la distance de cinq-cents mètres, il avait tué coup sur coup, une vingtaine de Prussiens.

Quelques jours après, j'eus l'occasion de constater, que ce vénérable volontaire, enrôlé dans le Corps des Francs-Tireurs de Paris, ne pouvait pas à cinquante pas, distinguer un mouton d'un bœuf, et qu'à la distance de trois-cents mètres, tout était brouillard pour lui.

Le Gouvernement a très bien fait, de nommer Chevalier de la Légion d'honneur, ce digne Patriote qui était rempli de bonne volonté.

Qu'est devenu le Drapeau des Francs-Tireurs

DE PARIS

Les Francs-Tireurs, en quittant la Capitale, avaient un beau drapeau en soie frangée d'or : portant l'inscription : « Premier Bataillon des Francs-Tireurs de Paris. »

A Châteaudun, ce drapeau ne fut pas, comme beaucoup de femmes, violé par les Prussiens La blanche virginité de cet étendard ne concordait plus avec la récente gloire des Francs-Tireurs. Pour lui donner le prestige nécessaire, on fit la chose la plus simple. On planta le drapeau à six pas, et, d'un feu de peloton suivi de quelques coups de baïonnette, il fut rendu digne de figurer au milieu des glorieuses loques de l'Hôtel des Invalides.

Le fier étendard rentra à Paris dans la nuit du 17 au 18 Mars; il était blotti dans la sacoche du Colonel La Cecilia. Quelques jours après, une délégation de Francs-Tireurs, Clairons et Colonel en tête, drapeau déployé, parcourt les rues de la capitale et se présente à l'Hôtel-de-Ville pour offrir à Paris, le symbole des victoires de ses enfants.

Depuis la formation du Corps des Francs-Tireurs de Paris, l'Hôtel-de-Ville avait changé de maître. Le 4 Septembre avait chassé les repus du 2 Décembre et le 18 Mars, à son tour, avait chassé les affamés du 4 Septembre.

Le nouveau maître de Paris, le 18 Mars, avait arboré le Drapeau Rouge. Il refusa de recevoir l'Etendard aux trois couleurs, qui rentra tristement dans la sacoche du Colonel La Cécilia.

Depuis, plus de nouvelles.

Eh bien! Il y a quelqu'un dans Paris, qui peut dire où gît le drapeau des Francs-Tireurs de Paris.

Ce quelqu'un : c'est Clément, le beau Clément d'il y a vingt ans; le gros Clément d'aujourd'hui. Le fonctionnaire arrivé, crevant dans sa peau; Monsieur Clément, enfin, Commissaire aux Délégations judiciaires, grand exécuteur des hautes œuvres politiques; Monsieur Clément, nommé Chevalier de la Légion-d'Honneur, pour avoir arrêté des communards et des pas communards; Monsieur Clément, nommé Officier de la Légion-d'Honneur, pour avoir fait, de simples jésuites, d'intéressants expulsés, presque des martyrs; Monsieur Clément, qu'on aurait dû nommer Commandeur de la Légion-d'Honneur; pour avoir contribué à extirper de

Paris, une partie de ces grosses Punaises, qui, sous le nom de banquiers, sucent, suintent et digèrent si facilement et si impunément, les économies de pauvres nigauds.

Voici comment Monsieur Clément peut dire, ce qu'est devenu le Drapeau des Francs-Tireurs de Paris.

Dans les premiers jours de Janvier 1872, il a saisi à l'Hôtel Anglo-Américain 113, rue Saint-Lazare, trois malles appartenant au Général de la Commune, La Cecilia (ci-devant Marquis).

Dans une de ces malles, se trouvait le drapeau du Premier Bataillon des Francs-Tireurs de Paris.

Que seraient devenus les cadavres des milliers de Prussiens tués à Châteaudun

Pour constituer et s'attribuer une victoire, il ne suffit pas de dire, qu'on a battu ou détruit l'armée ennemie ; il faut en donner les preuves matérielles. Comme, à Châteaudun, les témoignages de l'hécatombe des Prussiens faisaient presque complètement défaut, on se demandait avec inquiétude, en quoi pouvaient consister les pertes attribuées aux Allemands.

Les rapports officiels disaient que les Prussiens avaient perdu à Châteaudun des miliers de combattants. De ces nombreuses victimes, on ne trouvait ni les tombes isolées, ni la tranchée commune. Qu'étaient devenus leurs cadavres ? Pour expliquer cette absence de preuves les Français clamèrent que l'ennemi, pour cacher, ou pour atténuer sa défaite, avait nuitamment enlevé ses morts, et..... les avait brûlés ! Par quel procédé, les Allemands ont ils pu opérer la rapide incinération de leurs milliers de cadavres ? Il n'est à la connaissance de personne, que le Maréchal de Moltke, eût, dans son matériel de guerre, des fours crématoires ; ceux du cimetière du Père-Lachaise n'existaient pas encore, et quand même, les soldats de Guillaume n'auraient pu ni les prendre ni les emporter, aussi facilement que des pendules.

Ces racontages de cadavres brûlés, sont tout au plus dignes de la crédulité de bonnes femmes.

Les morts d'un champ de bataille sont l'honneur du combat ; et, honnie soit l'armée, qui commettrait l'infâme action de faire disparaître les corps de ses soldats, sous le prétexte que leur nombre constitue la honte de la défaite.

Après la bataille, plus les belligérants comptent de vides dans leurs rangs ; plus ils doivent se montrer fiers. Les morts disent hautement, qu'il a été fait acte de courage et de patriotisme.

Un peuple, qu'il soit vainqueur ou vaincu, doit toujours s'honorer du nombre des héros, qui ont donné leur vie pour sa défense et pour sa gloire.

Comment faut il expliquer l'incendie de Châteaudun

Il est certain que l'armée du Général de Wittich a été tenue en échec pendant toute une journée, par une poignée d'hommes.

Le Général Prussien a t-il voulu se venger de cet humiliant échec, en faisant brûler la ville ?

Dans ce cas le Général, Baron de Wittich ne serait qu'un triste et ignoble soudard, qu'on doit vouer au mépris universel.

Ou bien, le Général de Wittich, commandant d'armée en pays ennemi, par conséquent, responsable de la sûreté et de la vie de ses hommes ; a-t-il voulu, par la destruction volontaire d'une ville ouverte qui a tenté de se défendre, accomplir un terrible acte d'intimidation qui enlèverait aux autres villes toute velléité de résistance ?

Dans ce second cas, le Général de Wittich serait presque excusable, car un chef d'armée ne doit reculer devant aucune détermination, quelque pénible et cruelle qu'elle soit, quand il s'agit de sauvegarder l'existence des hommes, qui lui sont confiés.

Pourquoi ces lignes ont été écrites

Ces véridiques lignes sont écrites dans le but de détruire les fausses légendes, qui sont généralement plus nuisibles qu'utiles.

L'exagération, en bien ou en mal, est toujours une mauvaise chose.

Les bonnes résolutions ne peuvent être prises que quand elles émanent d'un principe exact.

Si l'on raconte que les Pères ont accompli des faits merveilleux, dans telles circonstances et par tels moyens ; et que l'histoire de ces faits ne soit qu'une amplification, il est bon de rechercher la vérité, pour que, le cas échéant, si les mêmes circonstances se représentaient, les fils puissent éviter les erreurs de leurs Pères.

NOMS
Des OFFICIERS, des TUÉS et des BLESSÉS

Ne pouvant citer tous les combattants, nous donnons par lettres alphabétiques, par grades, et par corps :

1º Le nom des Officiers ;
2º Le nom des Tués ;
3º Le nom des Blessés.

FRANCS-TIREURS DE PARIS
Effectif 700

Officiers

Commandant

COMTÉ DE LIPOWSKI : devenu Général de l'armée de Bretagne.

Capitaines

BOUILLON, Ex sous-officier de Marine, très-brave.

BOULANGER, Ex sous-officier, passait pour le plus fou et pour un des plus braves du Bataillon.

COHADE, Ex sous-officier, grand amateur de fine Champagne.

COLTELLONI, Greffier du Conseil de guerre du Corps expéditionnaire de Syrie. Partisan du désarmement général et de l'Union des Peuples.

DU ROZET, Ex Saint-Cyrien, officier démissionnaire, belle intelligence, volontairement gaspillée.

JACTA, Ex sous-officier, brave, mais grincheux comme un roquet.

KASTNER, Ex sous-officier, à la Légion étrangère. Le plus enragé contre l'ennemi. Il voulait manger du Prussien à toutes les sauces et sous toutes les formes. Il s'est guéri de sa rage en épousant une allemande pur sang, de Coblentz.

LA CECILIA, Garibaldien de la Guerre d'Italie 1859. Entra aux Francs-Tireurs, comme Lieutenant dans la Compagnie de son ancien camarade de collège, le Capitaine Coltelloni, fut Colonel des

Francs-Tireurs. Il devint Général de la Commune, sur la demande de son compatriote corse, Son Excellence, le Délégué aux Affaires Etrangères, Pascal Grousset.

LEDEUIL, Ex Saint-Cyrien, officier démissionnaire, très instruit, mais guère pratique. Fut Lieutenant-Colonel des Francs-Tireurs.

LORIDAN, Ex sous-officier, suivit l'exemple de Napoléon III. A Châteaudun, il rendit aux Prussiens, son épée, celles de ses officiers, et les chassepots de ses hommes.

Lieutenants

AMAURY,   Ex sous-officier.

CHABRILLAT (Henri), Journaliste, décoré de la Médaille commémorative de la Guerre d'Italie, 1859, aime les Etats-Major et le panache. Fut officier d'ordonnance du Général Chanzy. A brigué la députation et la Croix d'officier de la Légion-d'Honneur. Nous souhaitons que le Gouvernement lui rende justice, en lui accordant la Rosette; et que des électeurs intelligents en fassent un législateur, aux prochaines élections.

DELAPLAGNE, Ex sous-officier.

ECHASSON,   —   , grand faiseur de calembours.

GIQUEL, Ex sous-officier.

HUSSON,   —

LABADIE,   —   , il était de trop au Bataillon.

MARCELLI,   --   , Colonel de la Commune.

MARTIN,   ---

Sous-Lieutenants

Bazin, Professeur de Géographie (et de Soulographie).

Béchu, Ex sous-officier. — Très brave.

Benhoer, —

Brenière, — , ne reculant jamais.

Duchamp, — , blessé à Châteaudun, tué à Alençon.

Cardon, Ex sous-officier, brave comme son père, Colonel de la Commune.

Dussoles, Ex sous-officier.

Hattat, Ex sous-officier aux Zouaves de la Garde Impériale. On a dit qu'il se battait comme un lion.

Perrin, Ex sous-officier.

Planard, Ex sous-officier, très brave, blessé à Châteaudun, Colonel de la Commune, déporté à Nouméa, gracié pour sa belle conduite lors de la révolte des canaques.

Roussel, Ex sous-officier de Marine, tué à Châteaudun. Regretté de tous ses camarades.

Schefter, N'avait jamais été soldat. Le meilleur des patriotes, malgré sa physionomie de gentilhomme allemand.

Médecins

Deloulme, Etudiant en Médecine.
Hauer, Etudiant en Médecine.
Vigouroux, Etudiant en Médecine.
Vincent, Etudiant en Pharmacie.

Tués

Officier : Roussel.

Sous-Officiers : Bataille, adjudant ; Dugrand, Damé, Mathieu, Poncelet.

Francs-Tireurs : Bérard, Bodin, Bocquillon, Boucher, Brèche, Bruneau, Everard, Ferrun, Fruntz, Gosson, Joubert, Lefort, Martinat, Mathieu, Morice, Péchun, Personnel, Seillade, Tournier, Villain.

Blessés

Officiers : Duchamp, Planard,

Sous-Officiers : Holz, Marsoulan, Tourain.

Francs-Tireurs : Allaire, Baptiste, Beausillon, Beauvallet, Billot, Bougron, Cadoz, Carré, Chenet, Dangier, Deligny, Dru, Freind. Gauthier, Grasse, Hattiger, Janié, Jarrethout, Kreps, Lorrain, Ladeguillère, Masson, Mauduit, Naudin, Nourrit, Pothier, Renault, Taverne, Thiébault, Wolf.

GARDES NATIONAUX

EFFECTIF 250

Officiers

Le Maire : Lumière.

Commandant : Testannière.

Capitaines : Fanuel, Marie, Géray, Michau, Rousset, Huteau, Debray, Goupille, etc., etc.

Lieutenants et Sous-Lieutenants : Arsolier, Bellamy, Bourgery, Decool, Fugère, Foisy, etc., etc.

Tués

Alran, Bonneval, Bonnard, Cauchard, Chauvéau, Dechiron, Hue, Martin, Michaux, Pelé, Pelletier, Petit, Pomerel, Poulain, Rivière, Rolland, Royer, Sagot.

Blessés

Officiers : Commandant Testannière.

Gardes Nationaux : Alran père; Bouillon, Bichette, Bordet, Chauvigny, Delaforge, Deret, Deniau, Faucheux, Glosse, Gauthier, Hebert, Lejeune, Olivier, Pépin, Pulvignon, Riet, Geray, Vannier, Villette.

FRANCS-TIREURS DE NANTES

EFFECTIF 150

Officiers :

Capitaine : Le Gall.

Lieutenant : Aubin

Sous-Lieutenant : X...

Tués

Officiers : Le Gall, Capitaine.

Francs-Tireurs : 2.

Blessés

Francs-Tireurs : 4.

FRANCS-TIREURS DE CANNES

Officiers

Capitaine : Cresp.

Lieutenant : Brun.

Sous-Lieutenant : X...

Blessés

Officier : Cresp.

Francs-Tireurs : 3

Imp Emanuelli 3, r. Demours 9-92

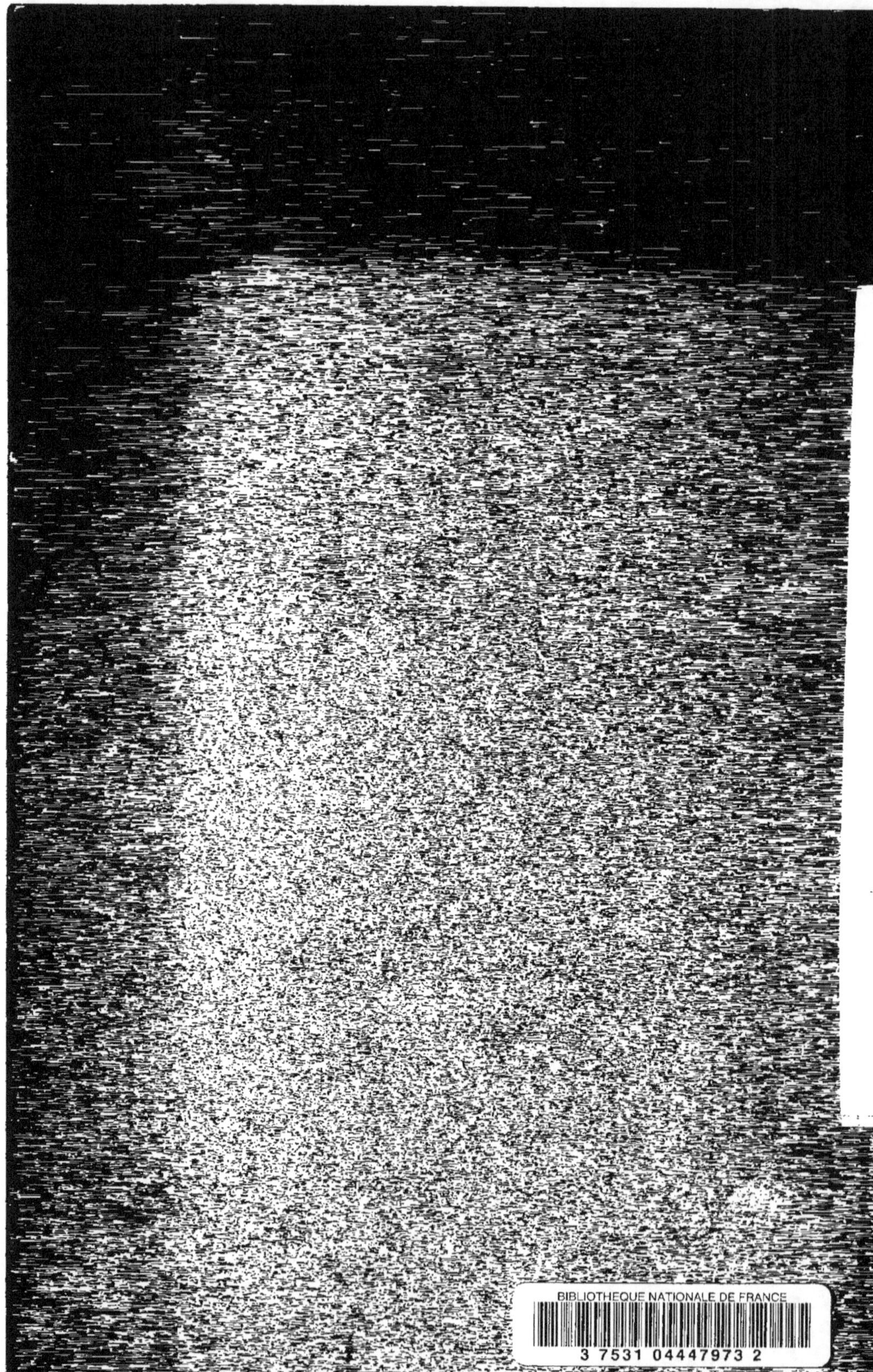